BEI GRIN MACHT SICH IHR WISSEN BEZAHLT

- Wir veröffentlichen Ihre Hausarbeit,
  Bachelor- und Masterarbeit

- Ihr eigenes eBook und Buch -
  weltweit in allen wichtigen Shops

- Verdienen Sie an jedem Verkauf

Jetzt bei www.GRIN.com hochladen und kostenlos publizieren

Bibliografische Information der Deutschen Nationalbibliothek:

Die Deutsche Bibliothek verzeichnet diese Publikation in der Deutschen National-
bibliografie; detaillierte bibliografische Daten sind im Internet über http://dnb.d-
nb.de/ abrufbar.

Impressum:

Copyright © 2017 GRIN Verlag
Druck und Bindung: Books on Demand GmbH, Norderstedt Germany
ISBN: 9783668903678

Dieses Buch bei GRIN:

https://www.grin.com/document/459397

Dominik Conrad

Gruppentraining I. Planung einer Wirbelsäulengymnastik

GRIN Verlag

GRIN - Your knowledge has value

Der GRIN Verlag publiziert seit 1998 wissenschaftliche Arbeiten von Studenten, Hochschullehrern und anderen Akademikern als eBook und gedrucktes Buch. Die Verlagswebsite www.grin.com ist die ideale Plattform zur Veröffentlichung von Hausarbeiten, Abschlussarbeiten, wissenschaftlichen Aufsätzen, Dissertationen und Fachbüchern.

Besuchen Sie uns im Internet:

http://www.grin.com/

http://www.facebook.com/grincom

http://www.twitter.com/grin_com

Deutsche Hochschule für

Prävention und Gesundheitsmanagement

Hermann Neuberger Sportschule 3

66123 Saarbrücken

Einsendeaufgabe

Fachmodul: Gruppentraining I

Studiengang: Fitnessökonomie

Datum
Präsenzphase: 29.05.17 - 01.06.17

Name, Vorname: Conrad, Dominik

Studienort: **München**

Semester: **WS 16**

Inhaltsverzeichnis

1 Motorische Fähigkeiten im Kursbereich

1.1 Kraft

Die Kraft ist die wichtigste motorische Fähigkeit, denn erst durch muskuläre Krafteinsätze können Bewegungsabläufe überhaupt durchgeführt werden. Zu diesen Krafteinsätzen zählt neben den typischen Bewegungen, wie Drücken oder Ziehen, bei welchen Kraft die Basis darstellt, auch die Haltearbeit der Muskulatur. Alle Gelenke, wie auch die Wirbelsäule, werden stetig von Muskeln gehalten (Haltearbeit). Nach Martin, Carl & Lehnertz (1993) ist Kraftfähigkeit die konditionelle Basis für Muskelleistungen, deren Arbeit über 30 Prozent der maximal realisierbaren Kraft, des jeweiligen Individuums liegen. Aus physikalischer Sicht ist Kraft das Produkt aus Masse und Beschleunigung. Im sportmotorischen Sinne ist Kraft die Fähigkeit der Muskelarbeit, erzeugt vom Nerv-Muskel-System. Hierbei wird unterschieden zwischen überwindender (konzentrischer), entgegenwirkender (exzentrischer) und haltender (statischer) Arbeitsweise.

Die Sportwissenschaft hat die Kraft, aufgrund ihrer verschiedenen Erscheinungsformen, in folgende drei Subkategorien unterteilt.

- ➢ Die Maximalkraft: Sie bildet die Basis für alle Kraftfähigkeiten und beschreibt die maximal realisierbare Kraft eines Individuums, bei einer willkürlichen Kontraktion.

- ➢ Die Schnellkraft: Sie beschreibt die Fähigkeit, in möglichst kurzer Zeit, einen möglichst hohen Kraftstoß verrichten zu können.

- ➢ Die Kraftausdauer: Sie ist die Widerstandsfähigkeit der Muskulatur bei Krafteinsätzen von mindestens 30% des 1-RM. Sie beschreibt also die Fähigkeit, den Kraftverlust bei statischer und dynamischer Muskelarbeitsweise, möglichst gering zu halten.

Anhand von zwei verschiedenen Übungen wird folgend gezeigt, wie die motorische Fähigkeit Kraft im Kursbereich trainiert werden kann.

Die erste Übung ist die Kniebeuge. In der Ausgangsstellung sind die Beine über hüftbreit aufgestellt und die Füße leicht nach außen rotiert. Nun werden die Kniegelenke bis ca. 100° gebeugt, das Gesäß wird dabei nach hinten geschoben. Die Knie zeigen in Richtung der Zehenspitzen. Danach werden die Beine wieder gestreckt, bis die Ausgangshaltung erreicht wird.

Die zweite Übung ist die Liegestütze mit aufgestellten Knien. Hierbei wird am Boden auf den Knien gestartet. Diese sind gebeugt und auf dem Boden fixiert. Der Oberkörper ist auf den Händen abgestützt. Die Hände befinden sich unter den Schultern fixiert und das Ellenbogengelenk ist leicht gebeugt. Die Hüfte ist während der gesamten Übung gestreckt und der Rumpf wird aktiv angespannt. Der Kopf steht in Verlängerung zur Wirbelsäule, der Blick zeigt also in Richtung Boden. Nun wird das Ellenbogengelenk gebeugt, bis sich der Oberkörper knapp über dem Boden befindet. Anschließend wird der Oberkörper wieder nach oben gedrückt, bis die Ausgangsposition erreicht wird.

Bei beiden Übungen werden in zwei Sätzen 20 Wiederholungen ausgeführt. In diesem Wiederholungsbereich wird die Kraftausdauer trainiert, wenn der Trainierende 20 Wiederholungen erreichen kann.

1.2 Ausdauer

Die Ausdauer ist eine zweite, sehr wichtige sportmotorische Fähigkeit des Menschen. Im Grunde besteht sie aus zwei Komponenten. Die erste setzt sich zusammen aus einer körperlichen und einer mentalen Widerstandskraft. Bei der körperlichen meint man die Widerstandskraft des Herz-Kreislauf-Systems und der Skelettmuskulatur, bei längeren Belastungen. Die mentale/psychische zeichnet sich dadurch aus, mental den Willen zu haben, einer Belastung standzuhalten. Umgangssprachlich könnte man dies als „den Biss haben" beschreiben. Die zweite Komponente der Ausdauer ist die Regenerationsfähigkeit. Sie ist die Fähigkeit des Körpers, sich nach längeren Belastungen möglichst schnell zu erholen, um zum Beispiel möglichst schnell eine erneute Trainingseinheit zu starten. Zintl (1997) definiert die Ausdauer als Fähigkeit, psychisch und physisch einer Belastung standzuhalten, welche durch dessen Dauer und Intensität letztendlich zu einer unüberwindbaren Ermüdung führen wird und/oder sich nach dieser rasch wieder zu regenerieren.

Diese Definition ist sehr allgemein gehalten. Deswegen hat es sich bewährt die Ausdauer, unter verschiedenen Aspekten, noch weiter zu unterteilen bzw. zu unterscheiden. In Abhängigkeit der Größe/Masse der eingesetzten Muskulatur kann man die Ausdauer in eine lokale und eine allgemeine Ausdauer unterscheiden. Die allgemeine Ausdauer bezeichnet eine Tätigkeit bei der mehr als ein Sechstel der gesamten Muskulatur eingesetzt wird. Alles darunter bezeichnet man als lokale Ausdauer. Diese Einteilung wurde gewählt, da bei einer lokalen Ausdauerbelastung keine nennenswerten Anpassungen an das Herz-Kreislauf-System mehr erzielt werden.

Eine weitere Untergliederung ist die, nach der Art der Energiebereitstellung. Hier wird unterschieden zwischen aerober (sauerstoffabhängiger) und anaerober (sauerstoffunabhängiger) Ausdauer. Bei einer aeroben Belastung steht der Zelle genügend Sauerstoff zur Verfügung und somit können Kohlenhydrate und Fette oxidativ in den Mitochondrien verbrannt werden. Der Körper stellt hier ein Gleichgewicht zwischen Sauerstoffaufnahme und Sauerstoffverbrauch her, um einer Belastung kontinuierlich, über eine längere Zeit, stand halten zu können. Bei der anaeroben Ausdauer laufen die Stoffwechselprozesse in der Zelle ohne Sauerstoff ab. Hier Ist die Belastung zu hoch und der Körper schafft es nicht mehr die benötigte Energie, unter Bereitstellung von Sauerstoff, zu erzeugen. Als Stoffwechselprodukt entsteht Laktat. Dieses hemmt auf Dauer die Leistung der Muskulatur und die Belastungsintensität kann nicht lange aufrecht gehalten werden.

Eine weitere Unterteilung erfolgt über die Arbeitsweise der Muskulatur. Hier gibt es zum einen die statische Arbeitsweise (Haltearbeit). Bei dieser verändert sich nicht die Muskellänge, sondern die Muskelspannung. Mit zunehmender Spannung komprimieren sich die Blutgefäße im Muskel und folglich wird dieser schlechter durchblutet. Je nach Muskelspannung verändert sich die Energiebereitstellung der Muskeln. Bei Beanspruchungen unter 15% der maximal isometrischen Spannung kann der Muskel mit ausreichend Sauerstoff (aerob) versorgt werden. Bei einer höheren Intensität werden die Blutgefäße so stark komprimiert, dass eine anaerobe Energiebereitstellung erfolgen muss. Je höher die Belastung, umso mehr nimmt der Anteil der aeroben Energiebereitstellung ab und umso mehr nimmt der anaerobe Anteil zu. Das Gegenstück hierzu stellt die dynamische Ausdauer dar. Durch einen rhythmischen Wechsel von Spannung und Entspannung hat der Muskel eine viel bessere Blutversorgung und so kann selbst bei höheren Spannungen noch eine aerobe Versorgung stattfinden.

Die letzte Art der Differenzierung erfolgt über die Dauer der Belastung und dessen Anforderungen an den Energiestoffwechsel. Unterschieden wird in 3 unterschiedliche Zeiträume, welche jedoch meist in Mischform vorhanden sind. Der Bereich der aerob dynamischen Belastung befindet sich bei 35-120 Sekunden, in der so genannten Kurzzeitausdauer. Zwischen zwei und 10 Minuten gibt es die Mittelzeitausdauer und zwischen 10 und 90 Minuten handelt es sich um die Langzeitausdauer. Diese könnte man, nach manchen Autoren, in weitere Bereiche unterteilen. Die Unterteilung in 3 Belastungszeiträume ist vor allem interessant, um die Anpassungen des Körpers abschätzen zu können.

Auch die motorische Fähigkeit Ausdauer lässt sich im Kursbereich trainieren. Hier gibt es zum Beispiel das Radfahren in der Gruppe, sprich Indoor-Cycling im Studio. Hierbei kann durch die verschiedenen Intensitäten (Bergauf und Bergab-Fahren wird simuliert) die aerobe, wie auch die anaerobe Ausdauer, trainiert werden. Jeder Teilnehmer wählt seine eigene Intensität, um einen möglichst großen Nutzen zu ziehen. Die Belastungsdauer beläuft sich auf mindestens 30 Minuten bis weit über 60 Minuten, das heißt im Bereich der Langzeitausdauer wird hier trainiert. Das Radfahren ist eine dynamische Arbeitsweise der Muskulatur, sie wird folglich uneingeschränkt versorgt. Bei dieser Bewegungsform handelt es sich um eine allgemeine Ausdauer, da durch die Beinarbeit beim Indoor-Cycling über ein Sechstel der Muskulatur beansprucht wird.

Als zweite Ausdauerform nun das Step-Aerobic. Hierbei wird, im aeroben Bereich, das Herz-Kreislauf-System und auch die Ausdauer trainiert. Zusätzlich wird vor allem Bein- und Gesäßmuskulatur gestärkt. Auch hier handelt sich es also wieder um eine allgemeine Ausdauer (Beine & Gesäß sind über ein Sechstel der Muskulatur). Zudem hat diese Bewegungsform eine positive Auswirkung auf die Koordination. Step-Aerob wird meist zwischen 30 und 60 Minuten lang ausgeführt, im Bereich der Langzeitausdauer. Die Muskeln arbeiten bei dieser Bewegungsform in einer dynamischen Arbeitsweise.

1.3 Beweglichkeit

Die Beweglich ist ebenso eine wichtige, aber oft vernachlässigte sportmotorische Fähigkeit. Sie trägt zur vollen Entfaltung aller anderen Fähigkeiten maßgeblich bei. Kinder im Alter von 10 bis 12 Jahren weisen die größte Beweglichkeit auf. Mit zunehmendem Alter wird die Beweglichkeit immer schlechter, hier wird die Wichtigkeit eines Trainings dieser Funktion deutlich. Nach Martin et al. (1993) ist Beweglichkeit die Fähigkeit, Bewegungen willkürlich und gezielt mit der erforderlichen, oder auch optimalen, Schwingungsweite der beteiligten Gelenke ausführen zu können (auch bekannt unter „full range of motion"). Die Beweglichkeit in einer Bewegung wird in erster Linie durch folgende, so genannte anthropometrische Faktoren, beeinflusst (Albrecht, 1999, S.15).

➢ Gelenkigkeit: Vorgegeben durch die Art und Struktur des Gelenkes, kann nicht durch Training manipuliert werden

➢ Dehnfähigkeit: Kennzeichnet die Elastizität der umliegenden Muskeln, der Sehnen und des Bindegewebes des Gelenks, kann durch entsprechendes Training verbessert werden

➢ Kraftfähigkeit: Besonders bei aktiven Dehnungen spielt die Kraft der Muskulatur eine Rolle, zur Ausschöpfung des größtmöglichen Bewegungsspielraumes

Weitere Einflussfaktoren der Beweglichkeit sind personenspezifisch, wie beispielsweise das Alter, das Geschlecht und die Psyche. Auch äußere Faktoren wie Temperatur oder Tageszeit beeinflussen die Beweglichkeit.

Als Beispiel werden folgend zwei Dehnübungen, zur Verbesserung der Beweglichkeit , vorgestellt. Als Dehnmethode wird bei beiden Übungen das aktive dynamische Dehnen verwendet. Beim aktiven Dehnen wird die Dehnposition durch eine Kontraktion der, antagonistisch zur Zielmuskulatur wirkenden, Muskeln eingenommen. Von Vorteil ist hier, dass der kontrahierende Muskel zusätzlich gestärkt wird. Bei vielen Übungen benötigt man zudem keine Hilfsmittel. Nachteile dabei sind, dass bei Anfängern genau diese Muskeln eventuell noch zu schwach sind, um eine ausreichende Dehnung hervorzurufen und auch nicht jeder Muskel effektiv angesteuert werden kann. Das dynamische Dehnen beschreibt eine Methode, bei welcher die Dehnposition im Wechsel eingenommen und anschließend wieder verlassen wird. Hierbei wird versucht, durch langsame und kontrollierte Federbewegungen, in einer relativ kleinen Bewegungsamplitude, die möglichst maximalen Gelenkendstellungen zu dehnen. Dies ist auch der größte Vorteil dieser Dehnmethode. Durch die kleinen federartigen Bewegungen wird kurzzeitig die maximale Dehnposition erreicht.

Bei der ersten Übung ist die Ausgangsposition der aufrechte Stand. Die Hände werden hinter dem Rücken (Handflächen zeigen nach innen) verschränkt. Nun werden die gestreckten Arme aktiv nach oben angehoben. Die Schultern bleiben tief und die Körperhaltung unverändert. Die dynamische Dehnung geschieht durch das abwechselnde Anheben und Senken der Arme. Hierbei wird aktiv die Brustmuskulatur gedehnt.

Die Ausgansposition der zweiten Übung ist der Vierfüßlerstand. Die Dehnposition wird eingenommen, indem die Rumpfmuskulatur aktiv angespannt wird. Mit Hilfe dieser Kontraktion wird die Wirbelsäule, im Rahmen ihrer Beweglichkeit, nach oben gewölbt. Das dynamische Dehnen passiert hier, wenn die Spannung in der Rumpfmuskulatur gelöst und die Wirbelsäule wieder nach unten gestreckt wird. Danach wird wieder durch die aktive Muskelkontraktion die Wölbung nach oben ausgelöst. Gedehnt wird hierbei die Muskulatur der Rückenstrecker.

1.4 Koordination

Eine gut ausgebildete Koordination ist ein wichtiger Baustein für Belastbarkeit im Alltag, wie auch im Sportbereich. Ausdauer und Kraft profitieren von einer gut ausgebildeten Koordination. Hollmann & Hettinger (1990) beschreiben Koordination, aus neuromuskulärer Sicht, als Zusammenwirken von Zentralnervensystem und Skelettmuskulatur, innerhalb eines gezielten Bewegungsablaufes.

Koordination ist die Grundlage, um neue Bewegungen schnell zu erlernen und diese dann möglichst gezielt und ökonomisch ausführen zu können. Sie spielt eher eine Rolle der Unterstützung, da durch sie andere Fähigkeiten (wie Kraft und Ausdauer) verbessert werden. Im Kraftsport unterteilt man die Koordination in zwei Unterformen.

Die erste ist die intramuskuläre Koordination und beschreibt das Zusammenspiel zwischen Nerven und Muskelfasern innerhalb eines Muskels. Durch eine Verbesserung dieser, können mehr Muskelfasern gleichzeitig kontrahiert/angesteuert werden. Das Maximalkrafttraining ist prädestiniert um diese Koordinationsform zu schulen.

Die andere Form nennt sich intermuskuläre Koordination und beschreibt das gezielte Zusammenwirken von Agonisten, Synergisten und Antagonisten, bei einem Bewegungsablauf. Durch ein Training dieser Koordination wird das Zusammenwirken beteiligter Muskeln optimiert und die erbrachte Leistung insgesamt höher. Dies wird erreicht durch komplexe Übungen, bei denen mehrere Muskelgruppen (welche zusammenwirken) beteiligt sind.

Eine Übung für den Kursbereich, um die intermuskuläre Koordination zu verbessern, ist die Kniebeuge. Wie schon in Aufgabe 1.1 (siehe S. 3) beschrieben, geht man hierbei in die Hocke und das Gesäß wird nach hinten geschoben. Bei der Aufwärtsbewegung, der Streckung im Knie- und Hüftgelenk, müssen mehrere Muskeln zusammenarbeiten. So müssen hier der vierköpfige Oberschenkelmuskel, der große Gesäßmuskel und die ischiocrurale Muskulatur zusammenspielen, um einen möglichst großen Kraftstoß zu erzeugen.

Eine weitere Übung sind die Ausfallschritte. Hierbei wird ein Bein im Ausfallschritt nach hinten gestellt. Nun werden beide Kniegelenke gebeugt, bis das hintere Knie fast den Boden berührt. Anschließend werden die Kniegelenke wieder gestreckt. Bei dieser Übung müssen die Muskulatur der Beine und des Gesäßes zusammenarbeiten, um möglichst viel Kraft bei der Streckung zu entwickeln. Durch Wiederholen dieser Übung wird das Zusammenspielen der Muskeln gefordert und verbessert.

2 Externe Bedingungen einer Kurseinheit

Es gibt einige externe Faktoren, die eine Kurstunde beeinflussen. Damit jede Kurseinheit optimal verläuft und alle Kunden den größten Nutzen und Spaß haben, erfordert es eine vollständige Planung.

Dies beginnt schon bei den Rahmenbedingungen einer Kursstunde. Diese sind die Räumlichkeit, in welcher der Kurs stattfinden wird, die nutzbare Ausstattung/Equipment und das Klima bzw. die Tageszeit. Wenn, beispielsweise für einen Bauch Beine Po Kurs, mit 10 Teilnehmern, die Übung „Sumo Kniebeugen mit einer Kettlebell" vorgesehen ist, so muss auch geprüft werden ob diese 10 Kettlebells zur gegebenen Zeit für den Kurs verfügbar sind. Ansonsten kann es zu Problemen kommen und der Trainier muss sehr flexibel reagieren. Auch das Klima ist eine Rahmenbedingung für einen Kurs. Im Sommer beispielsweise, sollte im Allgemeinen die Intensität geringer angesetzt werden, da durch extreme Hitze der Körper schon im Voraus mehr gefordert wird und auch viel mehr Flüssigkeit benötigt.

Des Weiteren sollte die Zielgruppe festgelegt werden. Hierbei muss geklärt werden, wie viele Leute in einem Kurs betreut werden können, wie alt die Teilnehmer sein sollten, wie die Verteilung der Geschlechter ist und welches Leistungslevel in dieser Stunde trainiert wird. Geht es zum Beispiel um einen Rücken-Fit Kurs für Senioren ab 60 Jahren, sollte das Teilnehmerlimit entsprechend niedriger sein, als bei einem Bauch Beine Po Workout, mit durchtrainierten jungen Mädchen. Eine kleinere Anzahl an Kursteilnehmern würde Sinn machen, um das Kontrollieren und Überwachen der Senioren optimal gewährleisten zu können. Ein weiterer Aspekt ist das Trainingslevel. Gibt es, beispielsweise in einem Aerobic Kurs, viele Neueinsteiger und gleichzeitig viele Fortgeschrittene, so werden sehr wahrscheinlich viele Teilnehmer nicht optimal, ihrem Leistungsstand entsprechend, gefordert. Die Einsteiger wären total überfordert und die „Profis" würden auf Grund Langerweile nicht mehr zum Kurs erscheinen. Hier würde es Sinn machen, anstatt 4x in der Woche Aerobic für alle, lieber 2x Aerobic für Anfänger und 2x für Fortgeschrittene anzubieten.

Auch die Zielsetzung ist ein wichtiger Faktor, für die Planung einer Kurseinheit. Kurse werden nach ihren allgemeinen Zielen unterteilt in gesundheits-, kraft- und ausdauerorientiert. Die Ziele sind hierbei die Verbesserung der eben erwähnten Fähigkeit. So ist es Beispielsweise für einen ausdauerorientierten Indoor-Cycling Beginner Kurs das Ziel, dass alle Teilnehmer ihre ersten 30 Minuten mit Freude überstehen und wiederkommen werden. Es wird also ein kurzfristiges Ziel anvisiert, um allen Beginnern noch mehr

Motivation zu schenken. Allgemein wird hier aber angestrebt, die Ausdauer zu verbessern. Bei einem Step-Aerobic Kurs für Fortgeschrittene ist das Hauptziel beispielsweise zurzeit ein langfristiges Ziel. Dies könnte sein, innerhalb von 3 Monaten eine komplizierte Choreografie einzuüben, um diese beim nächsten Stadtfest perfekt aufführen zu können. Auch hier kann man dies zurückführen auf die allgemeinen Ziele dieses Kurses, die Koordination und Ausdauer zu verbessern. Auf diesen allgemeinen und spezifischen Zielen kann der Kursleiter dann seine Stunden aufbauen und planen.

3   Kursplananalyse

Kursplan

Montag	Dienstag	Mittwoch	Donnerstag	Freitag	Samstag
	10:00 – 11:00 Uhr Kraftzirkel + cleverMobility		10:00 – 11:00 Uhr Kraftzirkel + cleverMobility		
19:00 – 20:00 Uhr TRX	19:00 – 20:00 Uhr BBP	19:00 – 20:00 Uhr Kraftzirkel + cleverMobility	19:00 – 20:00 Uhr BBP	19:00 – 19:30 Uhr Bauch Intensiv	
20:00 – 21:00 Uhr Faszientraining/ Blackroll		20:00 – 21:00 Uhr Faszientraining/ Blackroll	20:00 – 21:00 Uhr ZUMBA	20:00 – 21:00 Uhr TRX	
	21:00 – 22:00 Uhr cleverLetics WOM				

Abbildung 1: Kursplan zur Analyse

Es wird der oben dargestellte Plan nach verschiedenen Aspekten analysiert. Was bei diesem Kursplan sofort auffällt ist, dass der Sonntag überhaupt nicht abgebildet worden ist (entfernt wurde vom Plan lediglich das Logo). Am Samstag sind alle Spalten für Kurse leer. Es werden also keinerlei Kurse am kompletten Wochenende angeboten. Je nach Durchlauf des jeweiligen Studios kann man die Kurse dort an verschiedene Zeiten ansetzen, jedoch überhaupt keine Kurse anzubieten ist, aus organisatorischer und wirtschaftlicher Sichtweise, nicht optimal. In vielen Studios sind Mitarbeiter am Wochenende unterbesetzt, hier sollte das Personal aufgestockt werden, um Kurse anbieten zu können. Egal ob es an zu niedrigem Durchlauf am Wochenende liegt oder nicht, in beiden Fällen macht es Sinn Kurse anzubieten. Denn das Angebot von Kursen kann den Durchlauf am Wochenende steigern.

Ein weiterer Punkt, der auffällt, sind die angegebenen Kurszeiten. Sehr oft folgt ein Kurs direkt auf den anderen. Organisatorisch wäre es besser, wenn nach beenden eines Kurses mindestens 10 Minuten Pause angesetzt werden, vor allem wenn es nur einen Kursraum gibt. Einerseits sollte der Raum in der Pause gut gelüftet werden, andererseits benötigt der Mitgliederwechsel zwischen den Kursen eine bestimmte Zeit. Dies kann dazu führen, dass Kurse permanent überzogen werden und nachfolgende Kurse verspätet beginnen. Dieses Problem könnte behoben werden, indem der erste Kurs früher beginnt, oder 10 Minuten früher endet. Nebenbei wird dadurch der Thekenumsatz gesteigert und die Trainer haben mehr Zeit um sich auf den nachfolgenden Kurs (inklusive Musik-/Gerätewechsel) vorzubereiten.

Am Dienstag fällt auf, dass zwischen 20 und 21 Uhr eine sehr große Zeitspanne ohne Kurse vorliegt. Es liegt auch kein Vermerk vor, dass der Raum von einem Verein o.ä. in dieser Zeit genutzt wird. Mitglieder, welche nach dem ersten Abendkurs auch noch den zweiten besuchen wollen, haben schlichtweg 1 Stunde lang nichts zu tun. Sie kühlen aus und langweilen sich 60 Minuten lang! Viel sinnvoller wäre es hier also, den letzten Kurs im Anschluss um 20:15 Uhr anzubieten.

Ein weiterer Kritikpunkt ist das Fehlen des Leistungslevels. Bei allen Kursen wird lediglich der Name angegeben, jedoch nicht das Leistungslevel. So würde dies bedeuten, dass Anfänger und Fortgeschrittene in allen Kursen zusammen trainieren. Aus trainingswissenschaftlicher Sichtweise macht es Sinn, möglichst alle Kurse in Trainingslevel zu unterteilen. Es wird bezweckt, dass alle Teilnehmer optimal gefordert werden. Das Studio sollte die Kurse öfters anbieten, jedoch unterteilt in Intros für Anfänger und Kurse für Fortgeschrittene.

Das Studio hat bei ihrem Kursplan außerdem keinen Zeitraum der Gültigkeit angegeben. Die Mitglieder können so nicht erkennen, ab wann und bis wann überhaupt dieser Plan gilt. Kurspläne sollten regelmäßig überprüft und verbessert werden. Dafür eignet sich zum Beispiel die Angabe eines Zeitraumes von 2 Monaten. In diesen 2 Monaten wird ständig überprüft, ob Kurse gut gefüllt (oder sogar überfüllt) sind. Es sollten Mitglieder befragt und somit Resonanzen gesammelt werden. Nach Ablauf des Zeitraumes werden alle Daten ausgewertet und der Kursplan überarbeitet. Mitglieder, die Tipps zur Verbesserung abgegeben haben, werden sich nach Ablauf des Kursplans informieren, ob ein neuer Plan erschienen ist. Es macht also immer Sinn den Zeitraum (die Gültigkeit) eines Kursplans anzugeben, um beispielsweise interne Ziele zu kontrollieren.

Ein positiver Aspekt, an dem vorliegenden Plan, ist die Reihenfolge der Kurse. An allen Wochentagen wurden zuerst kraftorientierte Kurse ausgewählt, folgend von (wenn vorhanden) ausdauerorientierten Kursen und zum Schluss Kurse zur Entspannung, Lockerung oder Dehnung. Das ist die optimale Reihenfolge. Mitglieder haben zu Beginn genug Power für einen Kraftkurs, können dann noch einmal alles geben in einem Ausdauerkurs und zuletzt entspannen und lockern sie sich wieder.

Insgesamt könnte das Studio den Kursplan auf jeden Fall überarbeiten. Ein sinnvolles Wochenendprogramm sollte eingeführt werden und auch das Vormittagsprogramm lässt zu wünschen übrig. Kurse wie „Rücken-fit" oder Wirbelsäulengymnastik fehlen komplett im Kursplan. „Clever-Mobility" ist der einzige Bestandteil des Kursplans, welcher ein wenig Dehnung und Mobilität beinhaltet.

4   Planung einer Wirbelsäulengymnastik

4.1   Zielgruppe

Die folgende Kurseinheit der Wirbelsäulengymnastik stellt einen „Schnupperkurs" für Teilnehmer im Alter von 30-60 Jahren dar. Männlich und weiblich sind gleichermaßen willkommen! Ziel ist es, einen Kurs zur Wirbelsäulengymnastik im Studio durchzusetzen. Werden genügend Mitglieder für einen regelmäßigen Kursbesuch gewonnen, wird dieser in den Kursplan dauerhaft aufgenommen. Hierfür bietet das Studio eine Woche lang, jeden Tag, zwei „Schnupperkurse" an. Besonders diejenigen, welche viel sitzend arbeiten müssen, sollen hier animiert werden etwas für ihre Gesundheit zu tun. Jeder Kurs hat einen anderen Schwerpunkt, der folgende zielt auf eine Kräftigung der rumpfstabilisierenden Muskulatur ab. Die Teilnehmeranzahl in diesem Kurs liegt bei 10 Teilnehmern, welche von 2 Trainern optimal trainiert werden können. Da die Kurseinheit für Einsteiger vorgesehen ist, werden keinerlei Vorkenntnisse benötigt.

4.2 Material

Um Überforderung der Anfänger zu vermeiden, werden so wenig Utensilien, wie möglich, verwendet. Dies bezweckt, dass der Kurs insgesamt einfacher erscheint und die Teilnehmer den Trainern besser folgen können.

An Materialien für den Kurs werden benötigt:

- Ganz normale Sportkleidung der Teilnehmer
- Gymnastikmatten für Übungen am Boden
- Passende Musik zur Wirbelsäulengymnastik (diese liegt den Trainern in Form einer CD vor)

4.3 Stundenplanung

Tab. 1: Planung Warm Up

Ziel der Übung	Name der Übung	Übungsbeschreibung	Dauer	Bemerkungen / Hinweise
Einleitung / Begrüßung: 2 Minuten				
Allgemeines Aufwärmen: 3 Minuten				
• Vorbereiten des Herz-Kreislauf-Systems • Mobilisation großer Gelenke • Mentale Einstimmung	March	Auf der Stelle marschieren, Unterarme werden mitgeschwungen	30 Sekunden	Unterarme und Beine arbeiten diagonal zueinander
	Straddle	Beine werden abwechselnd geöffnet und wieder geschlossen	30 Sekunden	Zuerst li./re. Bein öffnen, dann wieder li./re. Bein schließen
	Tap Front	Abwechselnd mit einer Fußspitze vor den Körper tippen	30 Sekunden	Keine Gewichtsverlagerung
	Heel Dig	Abwechselnd mit einer Ferse vor den Körper tippen	30 Sekunden	Keine Gewichtsverlagerung
	Knee Lift	Knie werden abwechselnd angehoben und wieder abgesenkt	30 Sekunden	Bis auf Hüfthöhe anheben
	March mit Armen nach vorne schwingen	Auf der Stelle marschieren, Arme nach vorn schwingen	30 Sekunden	Alternativ auf nach hinten

Ziel der Übung	Name der Übung	Übungsbeschreibung	Wiederholungen	Bemerkungen / Hinweise
Spezielles Aufwärmen: 3 Minuten				
Mobilisation der Hüfte	Hüfte vor / zurück neigen	Die Hüfte wird erst nach vorne, dann nach hinten gekippt	10	Körper bleibt aufrecht, reine Bewegung der Hüfte
Mobilisation der Hüfte	Hüfte links / rechts neigen	Die Hüfte wird erst nach links, dann nachts rechts gekippt	10	Körper bleibt aufrecht, reine Bewegung der Hüfte
Mobilisation der Hüfte	Hüfte im Uhrzeigersinn kreisen	Hüfte wird im Uhrzeigersinn gleichmäßig gekreist	5 Mal komplett kreisen	Körper bleibt aufrecht, reine Bewegung der Hüfte
Schultergürtel/Nacken mobilisieren	Schultern nach oben ziehen	Die Schultern werden erst angehoben und dann fallen gelassen	5	Nacken wird gelockert
Mobilisation/Aufwärmen der Schultern	Schultern nach hinten kreisen	Die Schultern in gleichmäßiger Bewegung nach hinten kreisen	10	Runde, gleichmäßige Bewegung beibehalten
Mobilisation der Wirbelsäule, aufrechte Haltung entwickeln	Oberkörper aufrichten	Oberkörper nach vorne kippen und langsam wieder aufrollen	10	Mit geradem Rücken nach unten, Wirbel für Wirbel aufrichten
Mobilisation der Wirbelsäule	Wirbelsäule seitlich strecken	Mit gestreckten Armen die Wirbelsäule nach li./re. strecken	5 pro Seite, abwechselnd	Körper gestreckt, nur der Oberkörper neigt sich zur Seite

Tab. 2: Planung Hauptteil & Cool down

Ziel der Übung	Name der Übung	Übungsbeschreibung	Sätze / Wiederholungen	Bemerkungen / Hinweise
Hauptteil: 30 Minuten				
Kräftigung der Gesäß- und Oberschenkelmuskulatur	Kniebeugen im Stand	Füße hüftbreit, Knie werden bis 100° gebeugt, dann gestreckt	Dynamisch 3 Sätze / 10 Wiederholungen	Oberkörper bleibt aufrecht
Kräftigung der Abduktoren	Bein abspreizen im Stand	Aufrechter Stand, ein Bein wird seitlich vom Körper abgespreizt	Dynamisch 2 Sätze / 10 Wiederholungen pro Seite	Aufrechte Haltung halten
Kräftigung der Gesäßmuskulatur	Beinstrecken im Unterarmstütz	Start im Unterarmstütz, Knie sind gebeugt, ein Bein wird nach oben weg gestreckt	Dynamisch 2 Sätze / 8 Wiederholungen pro Seite	Rumpfspannung halten
Kräftigung der Brust-, Schulter und Trizepsmuskulatur	Liegestütz mit gebeugten Knien	Auf händegestützt, Ellenbogen werden gebeugt und gesteckt	Dynamisch 2 Sätze / 10 Wiederholungen	Rumpfspannung halten, Ellenbogengelenk immer leicht gebeugt
Kräftigung der Rumpfmuskulatur	Statischer Unterarmstütz	Der Körper wird mit gestreckten Beinen im Stütz gehalten	Statisch 3 Sätze / 30 Sekunden halten	Becken und Knie sind immer in der Luft, Rumpfspannung!
Kräftigung der Gesäß- und rückseitigen Rumpfmuskulatur	Diagonales Arm- und Beinheben in Bauchlage	In Bauchlage, abwechselnd ein Bein und ein Arm diag. strecken	Dynamisch 2 Sätze / 10 Wiederholungen pro Seite	Komplette Körperspannung wird gehalten
Kräftigung der geraden Bauchmuskulatur	Oberkörperheben in Rückenlage	Beine angewinkelt aufgestellt, OK bis zur LWS aufrollen	Dynamisch 3 Sätze / 10 Wiederholungen	Fersen drücken aktiv in den Boden, Hände zur Schläfe
Kräftigung der seitlichen Rumpfmuskulatur	Seitstütz	Seitstütz, Kniegelenke 90° gebeugt und am Boden fixiert	Statisch 3 Sätze / 30 Sekunden	Hüfte bleibt gestreckt, Blick nach vorne
Cool Down / Dehnung: 5 Minuten + anschließend 2 Minuten Verabschiedung				
Zu dehnende Muskulatur / Lage des Körpers		Übungsbeschreibung	Sätze / Wiederholungen	Bemerkungen / Hinweise
Dehnung der vorderseitigen Oberschenkelmuskulatur im Stand		Fuß wird umfasst, Ferse wird maximal zum Gesäß gezogen	Dynamisch 2 Sätze / 20 Sekunden	Becken wird aufgerichtet und wieder gekippt
Dehnung der Hüftbeugemuskulatur im Kniestand		Ausfallschritt, Körperschwerpunkt nach unten vorne lagern	Dynamisch 2 Sätze / 20 Sekunden	Oberkörper bleibt aufrecht, Hände auf das vordere Bein stützen
Dehnung der Rückenstreckmuskulatur im Vierfüßlerstand „Katzenbuckel"		Rumpf wird aktiv angespannt, Wirbelsäule nach oben gewölbt	Dynamisch 2 Sätze / 20 Sekunden	Rumpfmuskulatur im Wechsel anspannen und lösen
Dehnung der Gesäßmuskulatur in Rückenlage		Ein Bein auf dem Boden, das andere darübergelegt, Hände greifen nach Schenkelrückseite	Dynamisch 2 Sätze / 20 Sekunden	Gerader Oberschenkel wird aktiv nach hinten gezogen, Unterschenkel hängt locker
Dehnung der Bauchmuskulatur in Rückenlage		Arme & Beine fest gesteckt, Ferse nach unten schieben,	Dynamisch 1 Satz pro Seite / 30 Sekunden	Schultern und Nacken bleiben entspannt, Körper gestreckt

4.4 Begründung

Die Reihenfolge der Übungen im Hauptteil wurde hauptsächlich nach dem Prinzip „let it flow" festgelegt. Dieses besagt, dass alle Übungen mit einem gewissen Schwung (flow) nacheinander trainiert werden können. Im Beispiel der dargestellten Wirbelsäulengymnastik, wird mit 2 Übungen im Stand begonnen.

Danach begeben sich die Teilnehmer auf die Knie, für die kommenden 2 Übungen. Nach dem Unterarmstütz, in welchem der Körper komplett gestreckt über dem Boden ist, wird dieser auf den Boden abgelegt.

Nun folgen zwei weitere Übungen auf dem Boden, einmal in Rückenlage und einmal im Seitstütz.

Die Idee dahinter ist, dass man zwischen den Übungen nicht ständig aufstehen und wieder zu Boden gehen muss. Alle Übungen können flüssig nacheinander ausgeführt werden, ohne die Körperposition zu stark zu verändern.

Um den Hauptteil insgesamt etwas abwechslungsreicher zu gestalten, wurde außerdem versucht, zwei ähnliche Übungen nicht direkt nacheinander zu setzten. So wird der Unterarmstütz, eine statische Übung, eher in der Mitte trainiert und der Seitzstütz (ebenso statisch) am Ende.

Von der Komplexität her wurden die Übungen nicht speziell sortiert. Alle Übungen relativ einfach und somit verständlich.

5 Literaturverzeichnis

Albrecht, K. (1999). *Stretching: das Expertenhandbuch*. Heidelberg: Hüthig

Eifler, C. (2016). *Studienbrief Gruppentraining I* (Rev. 16.019.000). Saarbrücken: Deutsche Hochschule für Prävention und Gesundheitsmanagement.

Hollmann, W. & Hettinger, T. (1990). *Sportmedizin. Arbeits- und Trainingsgrundlagen* (3., durchges. Aufl.). Stuttgart: Schattauer.

Martin, D., Carl, K. & Lehnertz, K. (1993). *Handbuch Trainingslehre* (2. Aufl.). Schondorf: Hofmann.

Zintl, F. (1997). *Ausdauertraining*. München: BLV-Sportwissen.

Abbildung 1: MCF Fitness KG/Clever fit Memmingen (2017). *Neuer Kursplan*. Zugriff am: 05.06.2017. Verfügbar unter: https://www.facebook.com/cleverfitmemmingen/photos/a. 2027308230828646.1073741828.2027296704163132/2248400235386110/ ?type=3&theater

6 Abbildungs- und Tabellenverzeichnis

6.1 Abbildungsverzeichnis

6.2 Tabellenverzeichnis